Il figlio
dell'anima

A Sveva

Gabriela Contini

Premessa

Figlio dell'anima è la traduzione dal sardo di "Fill'e ànima".
Venivano così definiti in passato quei bambini che, prima dell'introduzione delle leggi sull'affidamento e sull'adozione, vivevano in una famiglia diversa da quella originaria.
I figli dell'anima entravano a far parte di una nuova famiglia nella cerchia strettamente parentale ma anche, spesso, al di fuori di essa, presso estranei. Talvolta passavano da una famiglia all'altra. Nella maggior parte dei casi il motivo di tale affidamento ad altri era la morte di uno o entrambi i genitori, l'impossibilità materiale di mantenimento, oppure l'abbandono.
Le nuove figure genitoriali, da parte loro, accoglievano un fill'e ànima per usanza, per costume condiviso, per bisogno di braccia da impiegare nei campi, ma anche per bisogno di amare e di amore.

Gabriela Contini

Oggi

Lui, Marco, ha diciotto anni e vive in un piccolo paese. Va alla scuola superiore, frequenta l'istituto tecnico. Ha ripetuto una volta il secondo anno ma si è ripreso e adesso frequenta la classe quarta con un profitto più che sufficiente.

Viaggia tutti i giorni in autobus e perciò si sveglia presto. È il sacrificio che sono costretti a fare tutti gli studenti che decidono di frequentare le scuole superiori fuori dal loro paese. Torna a casa tutti i giorni, intorno alle tre del pomeriggio. Trova il pranzo pronto. Riposa un po' e poi esce con i suoi amici. Non che ci sia niente d'interessante da fare nel paese. Soprattutto d'inverno. Ma, almeno d'estate, si va al mare. D'inverno s'incontrano tanto per stare un po' insieme. Spesso vanno in campagna. Si sono costruiti una specie di capanna dove portano anche le loro amiche. Di solito chiacchierano, fumano qualche sigaretta. A volte giocano a carte.

Qualcuno suona la chitarra. A Marco piace ascoltare i suoi amici che suonano. Sono ragazzi che fanno una vita normale. Senza la pretesa di fare chissà che, si divertono con poco.

Poi, la sera, torna a casa, dove trova qualcuno che l'aspetta e magari lo sgrida un po' perché ha fatto tardi. Guarda un po' di televisione in cucina, oppure va nella sua stanza e continua a stare in contatto con i suoi amici, scrive sms. C'è un'amica che gli piace in modo particolare. Non gli era mai successo prima. Lei è dolce e si preoccupa sempre per lui. Quando lui non arriva puntuale agli appuntamenti gli scrive per sapere se "è tutto ok". Oppure gli fa dei piccoli regali. Una volta gli ha regalato una maglietta. La sera è con lei che parla spesso tramite quegli sms. Lei gli augura la buonanotte con una premura che non lo lascia indifferente. Avverte in lei un sentimento che lo fa sentire avvolto in qualcosa di caldo e rassicurante. Non può ancora sapere cosa sia perché alla sua età i sentimenti si provano senza conoscerli. Ma sa che è qualcosa di speciale. Un giorno sono rimasti da soli, una sera in cui tutto il gruppo si era riunito in spiaggia d'estate. Loro si sono allontanati senza accorgersene. Hanno fatto qualche passo e sono rimasti al buio. In silenzio. Ad un certo punto hanno smesso di parlare. Marco ha iniziato a sentire un lieve imbarazzo che è cresciuto sempre di più. Non riusciva a guardarla. Lei non parlava più. Come spesso fanno i ragazzi, invece di cercare un contatto, hanno entrambi preso in mano il loro telefonino e hanno iniziato a guardarlo. Facendo finta di cercare un messaggio, qualcosa da leggere. Dopo qualche minuto hanno iniziato a parlare di nuovo. Di una suoneria. Lui gliel'ha fatta sentire. Le ha anche detto che, se le piaceva, gliela poteva mandare. Lei ha accettato. E se la sono scambiata come suggello di una amicizia che quella sera avrebbe potuto trasformarsi in qualcos'altro e che, forse col tempo, si trasformerà in qualcos'altro. Intanto, per ora, non riesce a superare la timidezza. Proprio lui che in genere è brillante, sfacciato, estroverso, leader nel piccolo gruppo. Ma con lei è diverso. È come se lei fosse un fiore troppo delicato e lui si sente goffo, inadeguato. Ha paura di sbagliare, di farle del male. O forse, più probabilmente, di fare brutta figura. Non sa come si fa. Non ha mai baciato una ragazza e finora la cosa non lo ha mai incuriosito. Ha sempre preferito andare in bicicletta con gli amici e, dopo, andare in giro con lo scooter, stare con loro a bighellonare, piuttosto che approcciarsi a qualche ragazza. Qualcuno dei suoi coetanei ha già avuto esperienze di sesso ma a Marco sembra stranissima la disinvoltura con cui quegli amici riescono a portare a casa, nella loro stanza, le loro coetanee o addirittura ragazze più piccole di loro. Non gli risparmiano i particolari dei loro incontri. Lui non ha mai trovato interessante quel tipo di intrattenimento.

C'è stato un tempo in cui Marco era fortemente tormentato. Non ricorda bene perché. Ha avuto un'infanzia difficile, con pochi punti di riferimento, senza una famiglia vera e propria. Adesso, da diversi anni, è più sereno anche se sa che il fardello delle sue sofferenze non lo abbandonerà mai. Quella paura forte forte che lo prendeva all'improvviso quando era bambino adesso non viene più a spaventarlo senza che lui ne sia cosciente. Le ferite che ha possono rimarginarsi e smettere di sanguinare. Ma rimarranno doloranti. Sempre. A ricordargli da quale passato viene. A ricordargli che figure per lui fondamentali, quelle più importanti, quelle di riferimento, l'hanno abbandonato.

Adesso la notte dorme solo. Non ha più incubi. Non sa esattamente quando queste forti paure hanno smesso di venire a trovarlo. Forse quando aveva intorno ai dieci anni. Ma non ci pensa mai. Si sono diradate e basta. Non pensa nemmeno che potranno tornare.

Il momento più difficile della sua giornata è la sera. Dopo che ha cenato nella sua casa, con la solita presenza accanto a lui. Soprattutto d'inverno, quando fa freddo e non si può stare in giro con gli amici perché la mattina c'è la sveglia presto per alzarsi e andare a scuola. Se non ci fossero quegli sms con gli amici e con lei, la sua dolce e premurosa amica a fargli compagnia, sarebbero veramente dure.

Rimane sveglio fino all'ultimo secondo a leggere e inviare messaggi. È troppo difficile. Il sonno lo deve prendere alla sprovvista per catturarlo. Si addormenta quando è sfinito. Quando era piccolo fino all'età di dodici anni circa voleva che qualcuno gli parlasse e gli raccontasse delle storie. Se no faceva i capricci, fino a quando otteneva ciò che voleva.

Ora la mattina quando si sveglia non ricorda cosa stava facendo prima di addormentarsi. Ma è sempre così. Trova la colazione pronta, si lava, si veste, prepara il materiale scolastico e inizia una nuova giornata.

Gabriela Contini

Nove anni prima

Era una giornata calda, di fine agosto, era pomeriggio. Marco e i suoi amici giocavano nella corte davanti alla casa della zia Greca.

Giocava con i suoi amici più importanti, quelli veri, Angelo e Matteo. Giocavano con le biciclette. Facevano la gara per vedere chi lasciava più segni con le ruote sulla terra battuta del cortile. Marco era il più abile. Lui era sempre il più scaltro in questo tipo di giochi. Sapeva sempre arrivare per primo. Ad un certo punto Matteo disse a Marco: "Ma la tua zia c'è?". E Marco rispose: "Si che c'è. È in casa! Non l'hai vista prima? Si è affacciata alla finestra". E scoppiarono a ridere tutti e tre. Forse non sapevano che se non ci fosse stata la zia Greca, non sarebbero potuti stare lì a giocare da soli. Pensavano di essere grandi ma in fondo erano ancora bambini. Avevano appena nove anni.

Angelo, Marco e Matteo erano amici dal primo anno della scuola elementare. A settembre avrebbero frequentato la prima media. Non sapevano ancora se sarebbero stati nella stessa classe. O se i loro insegnanti, quelli della scuola elementare avessero suggerito di separarli. A volte era capitato che nel passaggio gli insegnanti dell'una e dell'altra scuola, avessero fatto delle valutazioni, relativamente all'opportunità di tenere insieme alcuni bambini che avevano frequentato la stessa classe delle scuole elementari. Loro sicuramente negli anni precedenti non si erano costruiti una fama di gruppo tranquillo. Avevano fatto ogni genere di scherzo alle maestre e ai loro compagni di scuola.

D'estate toccava ai loro genitori cercare di tenerli a bada. Anche se poi non negavano loro di stare insieme. E questo accadeva spesso. Perché erano molto uniti. E i genitori sapevano che in qualche modo era positivo farli stare insieme. Soprattutto per Marco.

Forse perché li aveva sentiti, o forse perché aveva visto che stavano solcando il cortile della sua corte (cortile nelle case campidanesi), la zia Greca uscì di casa, riparandosi gli occhi con la mano appoggiata alla fronte, il palmo rivolto verso il basso. Li osservò e poi urlò loro in tono burbero: "Ancora non avete smesso di solcarmi il cortile?". I bambini per tutta risposta sghignazzarono e continuarono ancora più forte. La zia Greca sembrava spazientita, e borbottò tra sè e sè " Ma guarda se mi dovevo trovare questi piccoli monelli in casa a rovinarmi il giardino!'". Passeggiò un po'. Il cortile era in penombra a quell'ora del pomeriggio, e la zia ne approfittò per respirare un po' di aria pulita. Nonostante la polvere che sollevavano i bambini col loro gioco. Li osservava...

Finito il gioco con la bicicletta, i bambini presero il pallone. Erano tutti e tre sudati. Ma si stavano divertendo molto. Era sempre così quando stavano insieme. Non parlavano molto. Si capivano solo con gli sguardi e pochi cenni del capo.

Marco in quel momento aveva la palla sotto il piede. Stava dettando le condizioni per iniziare il nuovo gioco. Gli altri protestarono un po'. Cercarono di insistere, si misero a correre e a saltare cercando di prendergli la palla. Alla fine Marco li aveva minacciati di portarla via con sé e di non giocare più con loro. A quel punto si erano arresi. Come sempre. Tanto la spuntava sempre lui.

Marco era più alto degli altri, magro, con capelli neri foltissimi e occhi verdi. Con la carnagione chiara.

Intanto la zia Greca era rientrata in casa. Non aveva più niente da dire loro, in quel momento.

Vivevano da soli lei e Marco, già da qualche anno. Era lei che si occupava di tutto per lui. Lo lavava, gli cucinava i pasti, gli comprava i vestiti, durante l'anno scolastico lo seguiva nelle attività scolastiche, era lei che andava ai colloqui con gli insegnanti.

Non sapeva bene come fosse successo. C'era stata una gran confusione negli anni precedenti, poi alla fine Marco era rimasto lì con lei. Anche se non avrebbe saputo dire quanto sarebbe rimasto. Non dipendeva solo da lei. Non c'era stato nessun affidamento formale. Era successo tutto quasi senza che lei se ne accorgesse. Ma forse allo stesso tempo aveva voluto fortemente che le cose andassero così. Anche se lui la faceva arrabbiare spesso. E anche se a volte pensava di non farcela.

La faceva dannare. Era ribelle. Cercava di imbrogliarla per ottenere ciò che voleva. E lei era stanca. Ormai non era più giovane, non riusciva sempre a tenergli testa. Ed era preoccupata. Non sapeva per quanto ancora sarebbe riuscita a fare fronte a quel ruolo di genitore. Oltretutto percepiva l'insofferenza e sentiva le critiche dei vicini di casa e dei paesani. Pensavano che lei non fosse adatta e non fosse in grado di crescere quel bambino.

Arrivò il tramonto, e venne la mamma di Angelo a prendere Angelo e Matteo, per riportarli a casa. I bambini la videro e cominciarono a protestare perché non si volevano separare.

Suonò il citofono del cancello. La zia Greca era in cucina, si affacciò e urlò: "Entra Paola!". Paola rispose: "Giusto un attimo Sig.ra Greca... Come si sono comportati i bambini?".

E la zia, senza mezzi termini rispose: "Come al solito! Come vuoi che si siano comportati!? Mi hanno solcato il cortile con le ruote delle biciclette.".

E l'altra per cercare di rimediare in qualche modo cercò di ribattere: "E dai... sono bambini. Ci vuole pazienza con loro. Per fortuna qui possono giocare in cortile. A casa nostra sono costretti a stare in casa e può immaginare cosa vuol dire tenerli in casa?".

Al che zia Greca borbottò "No, non me lo immagino e non me lo voglio proprio immaginare! Adesso prenditeli e portateli a casa".

La mamma di Angelo prese, ringraziando, il sacchetto con tre grossi meloni che la zia le aveva regalato, dopo aver insistito burberamente perché li accettasse e convinse i ragazzi a salire in auto.

Marco li guardò allontanarsi. Entrò in casa. Era quasi buio. La zia stava finendo di prepararargli la cena, gli disse di andare a farsi la doccia e lui sparì nelle camere da letto. Dopo un poco lo raggiunse per aiutarlo a lavarsi e vestirsi. Mentre riordinava i suoi vestiti per metterli a lavare gli chiese: "Domani vuoi andare a giocare dalle tue cugine?" e lui entusiasta rispose "Siiiiiiii, grazie zia! Pensavo fossi ancora arrabbiata per il cortile!". E lei " Eh! Non pensare che non dovrai guadagnartelo domani il pomeriggio con le tue cugine!!". E detto ciò gli voltò le spalle e solo quando si fu assicurata che lui non la vedeva più, sorrise.

Più tardi, come tutte le sere si misero a tavola. Mangiarono chiacchierando. Guardarono un po' di televisione e verso le dieci la zia Greca sapeva di dover raccontare una storia a Marco. Come tutte le sere. Quando lui sarebbe stato a letto. Lei si sedeva sul bordo e gli parlava di quando era piccola, gli raccontava delle storie popolari tramandate. Quando era più piccolo gli cantava anche una canzone come ninna nanna, rigorosamente in lingua sarda. Perché se non gli raccontava le storie, Marco non si addormentava. Solo quando lei vedeva che aveva gli occhi chiusi e il respiro pesante poteva andare nella sua camera e dormire anche lei.

A volte lui si svegliava in piena notte e la chiamava. Allora lo faceva venire un po' da lei, gli accarezzava la testa, gli diceva delle parole rassicuranti. Oppure si alzava e andava nella sua cameretta. Gli doveva raccontare un'altra storia perché lui si riaddormentasse.

Marco

Marco era sempre stato un bambino inquieto, o forse sarebbe più giusto dire che era irrequieto. Non riusciva mai a stare fermo. Voleva giocare tutto il giorno, a qualsiasi ora. Quando si presentavano occasioni di aggregazione era felice. I suoi compagni di scuola lo invitavano ai loro compleanni e per lui erano occasioni di pura felicità. Il momento in cui andava con la zia a comprare il regalo. A sceglierlo. Era sempre eccitato nei momenti prima di uscire di casa. Tormentava la zia con mille domande, alle quali, lei rispondeva con poche parole. Spesso le chiedeva: "Zia, ma rimani anche tu alla festa?" e lei gli rispondeva a seconda dei casi. Cioè, se la festa si svolgeva in un posto lontano da casa, gli diceva che sarebbe rimasta, per non fare troppi viaggi avanti e indietro. Se era vicina a casa invece, sarebbe andata via dalla festa per poi tornare a prenderlo. E lui spesso le chiedeva più volte: "Zia ma sei sicura che torni a prendermi?". E la zia, a volte stancamente gli diceva che sarebbe tornata solo se lui si fosse comportato bene. A questa risposta Marco reagiva continuando a chiederle, con tono angosciato, senza sosta, se davvero lo avrebbe lasciato lì. Allora, la zia per stanchezza cedeva e lo rassicurava: "Torno, certo che torno a prenderti!!".

Quando si trovava alle feste con i suoi compagni perdeva la cognizione del tempo. Giocava fino ad essere esausto. I loro giochi preferiti erano il "nascondino" e l'acchiappa acchiappa". E gli scherzi naturalmente. Quelli erano il sale dei loro giochi.

Quando la festa era finita tornava a casa sfinito, sudato, ma felice.

Durante le feste in genere osservava i familiari del festeggiato. Spesso le famiglie erano composte da più elementi. Sorelle, genitori. E pensava a come sarebbe potuto essere vivere con dei genitori. Un papà e una mamma. Lui ce li aveva. Ma non vivevano con lui. Non sapeva perché. Non se lo chiedeva. Era così e basta.

Preferiva pensare a cose belle, non a cose che lo rattristavano. Preferiva pensare che il giorno dopo sarebbe andato a scuola e avrebbe scambiato un gioco con Angelo in cambio di un altro che gli piaceva di più del suo. Perché il giorno prima si erano accordati. Oppure pensava a quale nuovo scherzo architettare con lui e Matteo. Ne facevano tanti, tutti i giorni. Si divertivano da matti. Come quel giorno che avevano catturato una lucertola e l'avevano messa nella maglietta della loro compagna Giulia.

Era andata così. Erano a scuola. Era una bella giornata di inizio di maggio dell'ultimo anno per loro, della scuola elementare. Giocavano in giardino, durante l'ora della merenda. Mentre correvano ad acchiapparsi, uno di loro aveva visto una piccola lucertola impaurita, che cercava di scappare costeggiando il muro della scuola. Marco aveva avuto l'idea di prenderla e si era fermato. Anche gli altri, vedendo che si era fermato avevano smesso di correre. Lui a quel punto aveva bisbigliato loro con un'aria di gran divertimento: "La acchiappiamo e la mettiamo nella maglietta di una nostra compagna?". Angelo si era illuminato subito in viso. L'idea gli era piaciuta un sacco. Gli aveva risposto: "Si, la possiamo mettere nella maglietta di Giulia!" e tutti e tre, con un'aria complice iniziarono a ridere. Era toccato a Matteo inchinarsi e cercare di non farsi sfuggire la lucertola. Visto che lui era sempre stato il più veloce in questi tipi di operazione. Gli era sfuggita due volte ma alla fine ce l'aveva fatta. La teneva nelle mani chiuse a coppa. Erano già d'accordo su come procedere. Ne avevano già fatti tanti di scherzi simili. Quindi erano già collaudati. Non avevano bisogno di parlarne. Angelo e Marco si erano messi davanti a Matteo, in modo da nascondere le sue mani. Avevano fatto finta di niente e in quel momento avevano anche smesso di ridere. Se no avrebbero rischiato di comprometterc il tutto. Come sempre abilissimi in queste commedie. Così facendo chiamarono Giulia dicendole che avevano una sorpresa per lei.

Povera Giulia. Lei bella, bianca e rosa, con il suo vestitino verde sopra una maglia rosa, si era avvicinata, quasi saltellante in attesa e curiosa di scoprire che cosa potevano avere in serbo per lei i tre compagni. Avevano fatto tutto con estrema velocità. Si erano avvicinati e con delicatezza ma in maniera scaltra, e le avevano infilato la bestiolina nella maglietta, dal colletto. La bambina, sentendo qualcosa di viscido che si muoveva dentro le maglia, sul dorso, aveva iniziato a strillare e a dimenarsi. Sembrava avesse delle convulsioni. Sembrava avesse un dolore atroce. Il tutto durò qualche decina di secondi. Finché non intervenne la maestra per liberarla dalla bestiolina. I tre monelli scoppiarono a ridere e scapparono correndo, come se non fosse successo niente. Quando la maestra riuscì a consolare la bambina, sotto gli occhi attenti e partecipi di tutti i compagni, le aveva chiesto chi fosse stato a farle quel brutto scherzo. Anche se non aveva molti dubbi in proposito. La bambina, livida in volto per il pianto e ancora singhiozzante, riferì che erano stati Angelo, Marco e Matteo, e anche i particolari dell'accaduto. La maestra a dire il vero, con tutto quel trambusto, impiegò qualche minuto per chiarirsi le idee su da farsi. Era frastornata e non sapeva se era più arrabbiata o più stupita per le azioni sempre più moleste che stavano riuscendo a mettere in atto quei tre monelli. Li chiamò dicendo loro di avvicinarsi subito. Loro con aria indifferente si avvicinarono. Ma sentendo il senso di panico che precede il fatto di essere messi di fronte alle conseguenze delle loro azioni, chiassosamente usarono la strategia di accusarsi a vicenda per confondere chi li avrebbe di lì a poco sgridati. L'insegnante, incurante di chi potesse essere di loro ad aver compiuto il gesto, tanto erano sempre tutti e tre d'accordo, li aveva subito zittiti con modi bruschi e, immediatamente dopo, sgridati in modo forte, cercando di farli sentire in colpa. E mentre teneva ancora abbracciata la bambina urlò loro: "Guardate com'è sconvolta! L'avete terrorizzata! Vi sembrano modi di giocare questi? Cosa vi ha fatto la vostra compagna?". Loro con la testa bassa, si erano resi conto di aver esagerato e farfugliando si erano scusati a lungo, dicendo che non avevano pensato a cosa sarebbe accaduto. Forse erano davvero un po' dispiaciuti per lei. Perché inizialmente non pensavano a quanto l'avrebbe sconvolta quello scherzo. Però come tutte le altre volte era stato più forte di loro. Non erano riusciti a pensare prima, alle conseguenze che avrebbero causato i loro gesti.

Succedeva sempre così.

La voglia di divertirsi li prendeva alla sprovvista e li travolgeva, come se togliesse loro il pensiero cosciente e le loro mani e il loro corpo fossero trasportati da una volontà propria che loro non riuscivano più a controllare. Era una forza a sé stante. Però in quei momenti si sentivano forti, superiori, senza paura di niente e di nessuno. Invulnerabili. Ed erano questi momenti che a Marco piacevano di più. Se li gustava e ne pregustava il ripetersi, qualunque fosse il luogo, l'occasione, e le persone che ne sarebbero state vittima.

Ma Marco sapeva essere anche un bambino estremamente dolce, capace di gesti di affetto nei confronti di molte delle sue compagne e compagni. Infatti anche se qualche volta le bambine avevano paura dei suoi scherzi, spesso stavano vicine a lui perché si sentivano protette da lui. Era anche molto generoso. Se poteva regalare un oggetto, lo faceva con grande soddisfazione. Pensando che era contento di aver fatto felice colui che gliel'aveva chiesto. Tanto poi avrebbe detto alla zia che l'aveva perso e lei gliene avrebbe comprato un altro.

Adriana

Zia Greca a quei tempi aveva quasi settant'anni. Forse sembrava ne avesse di più per via del suo modo di vestire all'antica, con lunga gonna nera, che le arrivava fino ai piedi e grembiule sempre legato in vita. Non era propriamente il costume sardo quello che portava. Ma un vestito che ne richiamava fortemente le sembianze. Era solo un po' più semplice e nero. Nonostante lei non fosse vedova. Infatti non si era mai sposata. E non perché non avesse avuto occasioni. Forse da giovane era stata anche richiesta in sposa. Ma lei non aveva accettato, diceva che non le interessava fare da serva a nessuno.

Aveva sempre lavorato nell'azienda dei genitori. Lavoravano le terre che avevano e allevavano degli animali. Lei era cresciuta in campagna. Solo quando i suoi genitori erano anziani, avevano venduto tutto e comprato quella casa campidanese quasi nel centro del paese. Lei viveva della sua pensione e di qualche piccola rendita che le derivava dall'eredità cospicua lasciatale. Anche se erano sei figli, a lei era toccato tutto, perché aveva assistito e curato fino all'ultimo giorno entrambi i genitori, da sola, senza l'aiuto di nessuno. In ogni caso i fratelli, anche se a ragione avessero avanzato delle pretese, non avrebbero osato scontrarsi con lei, Greca. Sapevano di cosa era capace. Aggressiva e burbera. Quindi un po' perché pensavano che meritasse di ereditare tutto, per via del suo lavoro, un po' perché la temevano, non si erano opposti a quella soluzione.

Quando era giovane i genitori l'avevano mandata a studiare nella capitale. Era la più piccola di tutti. E in quel periodo se l'erano potuti permettere. Lei aveva studiato con profitto fino al diploma come ragioniera. Poi aveva lavorato per qualche anno in città. Per poi decidere che le piaceva di più stare a casa. In mezzo ai campi e agli animali. Le mancava la campagna, i suoi profumi. Gli animali, la tosatura, la nascita degli agnelli. Era troppo fredda la città per lei.

E così, in campagna aveva trascorso prima gli anni della gioventù, poi quelli dell'età adulta, fino a quando si erano trasferiti in paese

Quando vivevano in campagna, lei non aveva molte occasioni di socializzazione. E non ne cercava. Quando andarono in paese le cose non cambiarono. Aveva un carattere chiuso. Scontroso. I suoi modi di fare avevano fatto in modo che su di lei si raccontassero cose strane. Si diceva fosse una "bruscia", cioè una specie di maga, di strega. Lei lo sapeva ma non se ne curava. Anzi, usava questa fama spesso per ottenere ciò che voleva e farsi rispettare anche dagli uomini con cui conduceva degli affari quando avevano ancora l'attività in campagna.

Alla morte dei suoi genitori si ritrovò da sola in quella casa troppo grande per lei. All'inizio non fu facile. Quando era sola a casa piangeva spesso. Ma quando usciva camminava sempre a testa alta e quando qualcuno si dispiaceva per la morte dei suoi genitori lei rispondeva seccamente che la vita è fatta così e che prima o poi tutti dobbiamo andarcene.

Era fatta così.

Aveva uno strano rapporto anche con i nipoti. I figli dei suoi fratelli. Qualcuno ogni tanto veniva a passare un po' di tempo a casa sua. Succedeva di rado da quando i nonni non c'erano più. Ma succedeva. Lei non si opponeva mai. Aveva altre strategie per dissuaderli a continuare la loro permanenza. Non preparava da mangiare. Li faceva lavare con acqua fredda. Finché loro non decidevano che era ora di andare via. Successe inizialmente così anche circa dieci anni prima, con la nipote Adriana, figlia maggiore di uno dei suoi fratelli, Pietro.

Ma Adriana resisteva. La zia Greca non capiva perché. Fino a quando un giorno iniziarono a parlare con più confidenza e Adriana cominciò a occuparsi della casa e a preparare lei i pasti per la zia. All'inizio la zia rimase perplessa, ma piano piano si persuase che in fondo un po' di compagnia non poteva farle male. D'altra parte quella nipote, anche se era sempre stata forse un po' singolare e molto stravagante nei suoi comportamenti, le faceva compagnia. Anche se lei aveva paura di affezionarsi a qualcuno che poi sarebbe potuto andare via. Aveva sofferto troppo quando i genitori erano morti.

Quindi era divisa a metà. Da una parte cercava di mettere a suo agio quella nipote un po' squinternata, dall'altra era in difficoltà e a volte reagiva in maniera burbera alle attenzioni della ragazza.

Finché dopo un paio di mesi, notò qualcosa di diverso in Adriana. Stava anche ingrassando. Era quasi Natale. Adriana non era tornata in famiglia neanche per dare gli auguri e nessuno l'aveva cercata. Aveva aspettato ancora qualche settimana e il dubbio si era fatto quasi certezza. Aveva capito che la nipote doveva aver comunicato il suo stato alla famiglia, la quale non aveva di certo preso bene la notizia e l'aveva messa alla porta. Lei se n'era andata. Certa che nessuno della famiglia avrebbe osato dire niente all'anziana zia. Visti i rapporti quasi assenti e il suo carattere. Dunque la ragazza non era poi così stupida, facendo così si era assicurata di poter stare tranquilla qualche mese, finché la zia non avesse scoperto come stavano le cose e non avesse dovuto fare i conti con la realtà. Quando zia Greca non ebbe più dubbi, affrontò la questione con la nipote con molta dolcezza a dispetto di quanto ci si potesse aspettare da lei. Le disse: "Mi sono accorta che fai fatica a muoverti sempre di più, e dimmi, quando nasce questo bambino?".

Adriana che tutto si aspettava, tranne una dolcezza e una comprensione simile da parte della zia, scoppiò a piangere e pianse tanto, a lungo, di un pianto doloroso, finché la zia non la abbracciò e la tenne stretta stretta. Rassicurandola, dicendole che sarebbe andato tutto bene. Che dalla sua casa nessuno l'avrebbe mandata via e che ci avrebbe pensato lei a sistemare tutto.

Da quel momento iniziarono a fare tutte le visite e i controlli necessari. Zia Greca l'accompagnava in ospedale, fino a Cagliari in auto. Visto che guidava senza problemi, nonostante avesse quasi settant'anni.

Marco nacque a Maggio. Il 17 maggio 1992. Zia Greca fu sempre presente e si prese cura della nipote come fosse stata sua figlia.

Purtroppo però, subito dopo la nascita emerse qualcosa che cambiò quell'equilibrio che si era creato tra zia e nipote.

Zia Greca

Dopo la nascita del bambino, al rientro a casa, Adriana non aveva detto nulla ancora alla zia rispetto alla paternità di Marco. E d'altronde la zia non le aveva chiesto niente. Abituata com'era a fare tutto da sola. Ci mancava anche che qualcuno che in tutti quei mesi non si era fatto vedere, venisse a complicare le cose e ad appesantire magari il carico famiiliare.

Adriana aveva ventidue anni quando era nato suo figlio. Non aveva grandi progetti prima che scoprisse di essere incinta. Tuttavia sentiva che non avrebbe più potuto fare tante delle cose che avrebbe voluto fare in quegli anni. Voleva andare fuori dall'isola per trovare un lavoro. Sapeva che questo bambino l'avrebbe limitata. Tuttavia all'inizio era contenta. La protezione della zia poi le faceva vivere tutta la situazione con più leggerezza e minori difficoltà. Di questo se ne rendeva conto.

Avevano allestito insieme, nella stanza in cui dormiva la ragazza, una culla e tutto il necessario perché Marco stesse lì con lei.

Il primo mese Adriana non uscì mai. Stava a casa. Anche se la maggior parte delle cure verso il bambino, come vestirlo, farlo dormire, lavarlo, dargli da mangiare, erano profuse dalla zia, visto che la madre non lo aveva nemmeno voluto allattare. Era lei, zia Greca che andava a comprare tutto ciò che serviva per lui. All'inizio pensava di aiutare la nipote che si doveva riprendere dal parto. Dopo qualche mese, le cose avevano già preso una piega che avrebbe cambiato il destino di quel bambino e di tutti loro. Non si può sapere se tutto era successo perché la zia era troppo protettiva e si sostituiva alla nipote, oppure perché la nipote glielo permetteva, un po' perché non ce la faceva a occuparsi del piccolo, un po' perché le faceva comodo che la zia facesse tutto. Cosa sia realmente successo e chi abbia fatto o non fatto qualche cosa, dal primo momento per poi continuare così, nessuna delle due l'avrebbe mai capito, il confine tra le due possibilità era troppo labile.

Quando comunque la zia Greca si rese conto che la nipote stava iniziando a riprendere le sue amicizie del paese, giacché per i mesi della gravidanza era stata sempre in casa, si rese conto che il carico del bambino era quasi tutto sulle sue spalle. Adriana usciva la sera, e rimaneva lei sola, la notte a cullare il bambino quando si svegliava. Aveva cercato spesso di responsabilizzarla in merito. Ma puntualmente la ragazza prendeva la situazione alla leggera, e lei doveva intervenire per garantire persino la sicurezza al bambino. Quella ragazza era del tutto inaffidabile. Se usciva con il piccolo, era capace di lasciarlo a casa di qualche amica, per ore senza cibo. Oppure non gli cambiava il panno per tutta la giornata.

Sempre più la zia prese il ruolo di madre. E sempre più la ragazza si alleggeriva del fardello con il passare degli anni. Aveva iniziato dopo un anno circa dalla nascita del bambino, a fare delle piccole trasferte, soprattutto nel periodo estivo, perché diceva di andare a lavorare. Non si sapeva bene dove. Negli anni successivi aveva preso a mancare per mesi. Forse andava a lavorare negli alberghi. Forse aveva un altro compagno con il quale passava il tempo. La zia Greca aveva del tutto perso il controllo della situazione. Oltretutto il bambino appariva fortemente disorientato dalle sempre più lunghe assenze della madre e anche dai suoi ritorni. Ritorni che nel corso di dieci anni si trasformarono in brevi presenze a casa della zia. In pratica Adriana se n'era andata piano piano. Senza che loro se ne accorgessero. Ogni volta però diceva al figlio che l'avrebbe portato con sé. Sicuramente pensava che poteva farlo, e lo voleva con lei. Ogni volta la zia lo preparava a questo pensando che sarebbe successo davvero. Puntualmente però la ragazza deludeva le aspettative di entrambi. Puntualmente succedeva qualcosa che la induceva a rimandare il trasferimento di Marco presso il posto in cui viveva la madre qualunque e ovunque fosse.

L'anziana zia aveva dapprima iniziato a portarlo dal pediatra, poi alla scuola materna, poi alla scuola elementare. Era consapevole della difficoltà di quel ruolo. Era spesso stanca. Le regole che cercava di impartirgli spesso venivano stravolte quando arrivava la madre. E lei d'altronde chi era per impedirle di dare delle regole a un bambino? Dopotutto era suo figlio.

Anno dopo anno la zia si era sobbarcata quel peso e aveva subito le conseguenze di quella situazione confusa. Perché era difficile farsi rispettare da un bambino che non è il proprio anche se lo si sente tale. Perché purtroppo lei non si sentiva autorizzata ad essere pienamente genitore. Anche se svolgeva in pieno quel ruolo. Poi c'erano le voci del paese che malignavano. Dicevano che lei era troppo dura con lui, non era in grado di occuparsene. Prima o poi qualcuno glie l'avrebbe portato via. E lei, in fondo era profondamente angosciata da quella possibilità. Perché l'aveva visto nascere. Aveva sentito le sue prime parole e l'aveva stretto a sé quando piangeva la notte. Aveva visto quando aveva mosso i primi passi. I suoi primi disegni. Le sue prime parole scritte. Senza quel bambino la casa e la sua vita sarebbero state vuote, prive di un senso preciso.

Qualche volta era venuto a trovarli anche il papà di Marco. Un ragazzo molto giovane. Quando Adriana aveva svelato il tutto alla zia, dicendole chi era il padre, ne aveva informato anche lui, che era all'oscuro di tutta la situazione e della nascita del figlio.

Forse anche lui avrebbe voluto prendersi cura di Marco, farlo in maniera più radicale, dargli una casa. Ma era difficile. Ci aveva provato qualche volta a prenderlo con sé per brevi periodi. Però puntualmente lo riportava a casa della zia, dicendo che aveva degli impegni e sarebbe presto tornato a prenderlo, ma sistematicamente faceva passare sempre molto tempo prima che tornasse. Questo accresceva la confusione generale, su dove sarebbe andato Marco, sulle persone con cui avrebbe vissuto, quale delle figure importanti per lui avrebbe determinato il suo destino.

Gabriela Contini

Francesco

Si erano conosciuti grazie ad un gruppo di amici in comune, Adriana e Francesco. All'inizio erano solo amici, poi avevano iniziato a sentirsi più spesso e vedersi più assiduamente. Non sapevano se erano fidanzati. Di fatto si comportavano come tali. Entrambi avevano modi di fare molto bizzarri. Gli amici li tolleravano per poco tempo. Sicuramente Adriana qualche disturbo mentale lo aveva. Perché era capace di stravaganze delle più stupefacenti. A volte sembrava non si curasse delle conseguenze delle sue azioni. Lui, che forse era solo un po' ingenuo, ma per il resto quasi nella norma, la seguiva nelle sue stranezze. Magari decidevano di partire per due giorni, senza avvisare i genitori di entrambi, perché non ci pensavano e perché la cosa era più divertente se fatta così, con estrema leggerezza. Quando tornavano, trovavano tutte le famiglie in allarme e venivano puniti severamente. La punizione per entrambi consisteva nella reclusione in casa. Per diversi giorni. Ma questo non li dissuadeva dal rifare la stessa cosa anche a breve distanza di tempo.

Era andata avanti così la loro strana amicizia, finché Adriana non aveva scoperto di aspettare un bambino e placidamente lo aveva comunicato ai genitori. Loro tutto si aspettavano da lei, che sarebbe scappata di casa, che avrebbero potuto non vederla, che avrebbe cominciato a drogarsi, o che avrebbe prima o poi commesso qualche furto o qualche reato, ma non che tornasse a casa incinta. Le avevano detto semplicemente che avrebbe dovuto abortire, perché loro non volevano nipoti nati così, in casa. Per tutta risposta Adriana, se n'era andata a stare dalla zia Greca, senza dare nessuna comunicazione all'amico di giochi e viaggi e altro evidentemente, sul suo nuovo domicilio.

Francesco aveva vissuto quella sparizione con estremo dolore. Forse le voleva bene davvero. Insieme a lei si sentiva libero di fare tutto ciò che voleva. Si divertivano moltissimo. Aveva pensato che lei non volesse più vederlo. Perché aveva tentato spesso di cercarla, anche a casa. Ma i suoi genitori gli dicevano sempre che non c'era e lui si era piano piano rassegnato. Pensando che lei si facesse negare per non vederlo più. Aveva saputo della nascita del bambino e dove stavano, solo qualche settimana dopo il parto. Aveva cercato di capire qualcosa di più chiedendo a qualche amico, ma nessuno sapeva niente. Poi dalla casa della zia Greca non c'era speranza che uscissero notizie in merito.

Finché un giorno aveva preso coraggio ed era andato a casa sua. Si era presentato e aveva parlato con la zia. Adriana le aveva detto dopo il parto che il padre era lui. Quindi la zia lo aveva autorizzato, quando avesse voluto, a venire a trovare il bambino e a occuparsi di lui nella misura che lui avesse ritenuto opportuna. Di fatto i due genitori si videro qualche volta, ma non sfiorarono mai l'argomento riguardante la tutela del bambino. Quindi, col tempo si limitarono a salutarsi se si vedevano e a incontrarsi per i compleanni di Marco.

All'inizio Francesco aveva sperato che potessero riprendere a frequentarsi, e forse anche essere una famiglia. Ma quando vedeva lei, si dissuadeva dall'idea. Perché gli parlava di tutt'altro. Come se la loro amicizia non fosse mai esistita e come se il figlio non esistesse.

Quindi dopo i primi mesi di illusione, si era rassegnato molto lentamente all'idea che non sarebbero mai stati una famiglia, che Adriana non era più vicina a lui e che il bambino, nonostante fosse il suo, non stava crescendo con lui. Allora ogni tanto si riempiva di buoni propositi, andava a prendere Marco, lo portava a casa dei suoi genitori, lo teneva con sé qualche giorno. Ma tutto era troppo difficile. Doveva andare al lavoro e la madre di Francesco si doveva occupare del bambino. Marco faceva i capricci e non riuscivano a tranquillizzarlo facilmente. Non capivano perché. Forse la zia l'aveva viziato troppo, forse era di natura e carattere ribelle, comunque dopo un po' di giorni Francesco rinunciava al tentativo di paternità e, sconfitto, riportava il bambino a casa della zia. Ripromettendosi però, di riprovarci quando Marco sarebbe stato un po' più grande e più gestibile. E promettendo al bambino che presto sarebbe tornato a riprenderlo perché stesse con lui definitivamente.

Ci riprovò diverse volte, in media due volte all'anno fino all'età di dieci anni, sempre con le stesse modalità e sempre con le stesse incertezze, concludendo sempre nello stesso modo il tentativo. E sempre con gli stessi buoni propositi alla fine del tutto.

In fondo Francesco era un ragazzo assennato. Lavorava in un negozio di ferramenta appena fuori dal paese. Era un ragazzo che viveva con semplicità la sua gioventù, senza grandi aspettative. Era stato contento di avere avuto quel figlio con Adriana. Anche se le cose non erano andate come avrebbe voluto. Ma col tempo aveva imparato a convivere con quella realtà. In quella situazione indefinita. Ne parlava solo con sua madre ogni tanto. La quale lo consolava e in fondo pensava che gli fosse andata bene. Perché diversamente si sarebbe dovuto accollare il peso di quella ragazza strana e di un figlio. Francesco non era pronto per una famiglia. Nonostante alcuni suoi coetanei avessero già dei figli, una casa e una moglie. Ma lui era troppo ingenuo. Non ce l'avrebbe fatta a costruirsi una famiglia, una casa. O almeno così pensava sua madre. E così pensando lo aveva educato alla non autonomia, a dipendere da lei come un adolescente.

Ed era come tale che lui si comportava. A parte nel lavoro, nel quale era affidabile e responsabile, nelle relazioni sociali era diverso, infantile, cercava di esser dipendente dagli altri, come un bambino. Era rimasto tagliato fuori dalla cerchia dei suoi coetanei, sempre di più col passare del tempo.

Tuttavia non era pienamente consapevole delle cause dell'allontanamento da loro. Certe situazioni, in cui c'era una possibilità di confronto anche solo nell'incontrarli per strada, gli creavano un po' di disagio e, in fondo, soffriva. Pensava che i suoi coetanei fossero più intelligenti di lui, più curati nell'aspetto. Che fossero interessati ad altre cose. Per questo non potevano più essere amici come quando erano piccoli. E poi, forse, non si frequentavano più perché lui aveva un figlio. Questo pensava. Forse perché chi non aveva figli vedeva il mondo con occhi diversi dai suoi. Perché lui soprattutto all'inizio si sentiva investito da quel ruolo di padre. Pur non esercitandolo pienamente, l'idea che comunque quel bambino c'era, gli dava l'idea di essere diverso dagli altri. Poi col tempo aveva iniziato a pensare al figlio come a una cosa normale e non come ad una cosa che gli aveva cambiato la vita. Anche perché in fondo a lui la vita non l'aveva cambiata.

Gabriela Contini

Qualcosa cambia

A settembre del 2002 Marco iniziò a frequentare la prima media.

Era più lontana da casa della scuola di prima e i compagni non erano gli stessi. Era rimasto qualcuno, e per fortuna anche Angelo. Sicuramente avrebbero continuato a divertirsi. Anche se gli avevano detto che avrebbe dovuto studiare di più. Ma lui non aveva problemi a imparare più cose. Se l'era cavata molto bene negli anni precedenti, dicevano sempre alla zia che era un bambino intelligente, con una ottima capacità di apprendimento. Non capiva cosa volesse dire ma intuiva che era una valutazione a suo favore. L'unica cosa che avevano da dire di negativo le sue insegnati alla zia, era che si comportava indisciplinatamente e non rispettava le regole. Sempre la stessa cosa. Lui era consapevole del suo comportamento ribelle. Ma non capiva cosa gli succedeva in quei momenti. Quando rideva davanti alle maestre invece di rimanere ad ascoltare seriamente, quando faceva gli scherzi. Non riusciva a resistere senza fare così.

In realtà si svegliava già in agitazione, la mattina prima di andare a scuola, forse per via dei sogni che lo tormentavano. Aveva sempre incubi in cui sognava che la zia lo lasciava solo e non sapeva dove si trovava, a tratti a casa con la mamma, o con il papà, ma non sapeva dov'era. Sapeva solo che cercava la zia ma non la trovava. Lei non gli rispondeva e qualcuno gli diceva che era andata via senza di lui. Provava un'angoscia fortissima in quei momenti. Era come se fossero reali. Allora si svegliava sudato, urlava e la zia accorreva a consolarlo. All'inizio di quell'anno scolastico non sapeva che qualcosa sarebbe cambiato, che avrebbe cambiato il suo modo di vivere e i sogni che venivano a tormentarlo la notte. Non che lui vivesse male. Anzi. Aveva tutto ciò che desiderava. I giochi, gli amici, una casa. Ma in fondo c'era qualcosa, di cui non era cosciente, che lo tormentava profondamente.

L'anziana zia, in quel settembre, continuava a fare tutto come aveva sempre fatto. Si preoccupava solo un po' di più per il futuro di suo nipote. Le apparizioni dei genitori che li illudevano che lo avrebbero preso con sé si erano diradate, ma non erano cessate del tutto. Intanto lei aveva messo da parte un bel gruzzolo, per permettere al nipote di continuare gli studi. Caso mai le fosse successo qualcosa. Alla sua età lo doveva mettere in conto. Anche se si sentiva forte, energica come sempre.

Verso la fine del mese arrivò una comunicazione. Una convocazione di cui lei in tutti quegli anni, aveva temuto l'arrivo, anche se aveva sempre sperato che non sarebbe successo.

La chiamavano per un colloquio dai Servizi Sociali. Qualunque cosa fosse non lasciava presagire niente di buono. Lo sapeva. Sapeva che il bambino non poteva stare per sempre da lei, in quella situazione indefinita.

Nei giorni che precedettero l'appuntamento era diventata intrattabile. Aveva messo al corrente i genitori della convocazione. Non aveva potuto fare a meno di far trapelare la cosa in presenza di Marco. Che al momento non aveva avuto nessuna reazione. Forse non ne avrebbe avute, se intorno a lui non ci fosse stato un clima di tensione insopportabile. Le sue notti si erano fatte più lunghe, piene di incubi e tormenti. La zia che in genere lo rassicurava non aveva più nessuna certezza da trasmettergli e lui, nonostante le parole di lei, che gli dicevano che sarebbe andato tutto a posto, respirava la paura dell'anziana zia. La vedeva nei suoi occhi. La sentiva nella sua voce anche quando parlava di altre cose. Quel sottile equilibrio che aveva regnato in quel legame fino a quel momento, si era rotto. Al suo posto non c'era altro che il dubbio, l'incertezza e la paura, che tutto sarebbe potuto cambiare per entrambi.

La zia Greca era cambiata. Iniziò a tormentarla un senso di angoscia. Come avrebbe fatto se gliel'avessero portato via? Era il suo bambino, il suo ragazzo. L'aveva cresciuto lei a costo di grandi fatiche e sacrifici. Solo ora si accorgeva di quanto lo avesse voluto. Di quanto aveva fatto perché rimanesse con lei. Per garantirgli tutto quello che era necessario e anche molto di più. A chi l'avrebbero dato? Alla madre? Che non era in grado di occuparsene? O al padre? Che magari avrebbe avuto un'altra moglie e sarebbe cresciuto con lei. Solo l'idea la faceva sragionare, e diventare livida di gelosia. Oppure l'avrebbero potuto mettere in un istituto. Lontano da tutti, ma soprattutto da lei, che invece voleva con tutte le sue forze che rimanesse in casa. Con lei.

Ma gliele avrebbe cantate lei a quelle persone che l'avevano convocata. Loro non sapevano quanto lei sapesse il fatto suo e quanto sarebbe stata dura e battagliera pur di ottenere il suo obiettivo. Cosa volevano da lei? Come si permettevano di entrare nel merito della gestione della sua famiglia?

Fu con questo spirito e con questi pensieri che zia Greca, un giorno di metà ottobre di quell'anno, si recò all'appuntamento al quale era stata convocata. Pronta a tutto pur di tenere Marco con sé e di non permettere a nessuno di allontanalo da lei.

Gabriela Contini

L'appuntamento

Erano appena le otto e trenta l'appuntamento era alle nove. La zia arrivò all'appuntamento con forte anticipo. Tesissima. Si sedette nella sala d'attesa. Ma vedeva persone che andavano e venivano. Probabilmente il personale che lavorava in quel posto. In quegli uffici. Tutti sembravano essere molto spensierati e leggeri. Lei aveva un peso nel cuore troppo grande invece. Come potevano quelle persone parlare di cose sciocche come i computer, le stampanti, le fotocopie e il caffè? Sentiva i frammenti dei loro discorsi. Era come se stesse vivendo un incubo. Come quando si è in ospedale e chi ti deve fare un intervento importante, sorride e fischietta come se stesse facendo una cosa da nulla. Forse anche quelle persone in quel posto erano abituate ad affrontare i problemi degli altri e situazioni difficili, che per loro erano diventate la normalità.

Quando la chiamarono dopo circa venti minuti, sussultò. Si alzò, con l'espressione più truce che potesse sfoderare e seguì nel suo ufficio la signora che l'aveva chiamata.

In realtà era una signora sui quarant'anni. L'aspetto e l'espressione non le erano risultati per niente simpatici. Vedeva che parlava ma all'inizio, non era riuscita a seguire nessuna parola di ciò che aveva detto. Solo dopo qualche decina di secondi sentì:

"Sig.ra Greca, mi sta ascoltando?" Non doveva essere la prima volta che l'Assistente Sociale glielo chiedeva. Ma lei era troppo tesa, aveva tremato tutto quel tempo per la paura e la rabbia che aveva e aveva avuto il dubbio di non riuscire a arrivare alla sedia. Alla fine si scosse dal suo torpore e mise a fuoco le parole che stava sentendo. La risposta arrivò immediata: "Certo che la sto ascoltando! Mi dica cosa c'è e perché mi avete scomodata per venire fin qui!"

L'interlocutrice, cominciò con il dirle che era arrivata presso il loro servizio una segnalazione anonima sul fatto che lei viveva con un bambino che entrambe sapevano che non era suo figlio. Le fece qualche domanda.

La zia rispondeva in maniera secca e sintetica alle domande. Le venne chiesto chi erano i genitori del bambino e come mai lui vivesse con lei. Se c'era stato qualche tentativo in passato di formalizzare quella situazione. Se i genitori vedevano il bambino. Con quale cadenza. In che rapporti era lei con i genitori del bambino. La zia capiva dove quella signora volesse andare a parare. E aveva tanta paura.

L'altra continuò con il dirle che per ora non c'era nessuna denuncia formale e nemmeno nessun intervento del Tribunale, ma che lei voleva lo stesso capire come stava il bambino e avere più informazioni in merito alla situazione. A tal proposito proponeva un intervento educativo per avere più notizie sul caso. Fu molto accurata nel non far trapelare che già così a vederla non le era piaciuta affatto quell'anziana signora, e che aveva grossi dubbi sul fatto che un bambino potesse stare bene con lei. Ma ovviamente le indagini andavano condotte con scrupolo e il lavoro di valutazione, fatto con la massima attenzione.

La zia, si limitò a chiedere in che cosa consistesse questo intervento, cosa dovesse fare lei e cosa il bambino. Si sentì dire che un operatore sarebbe venuto a casa sua e che avrebbe semplicemente passato un po' di tempo con lei e il nipote, magari con l'alibi di aiutarlo a svolgere i compiti scolastici. Inoltre ci sarebbe stata anche la necessità di parlare con i genitori del bambino.

Appena sentì che qualcuno doveva venire casa sua lei rispose subito che la cosa non era assolutamente possibile. Che il nipote i compiti li sapeva fare e che lei era perfettamente in grado di seguirlo nelle attività scolastiche.

Si alzò indignata. Non capiva assolutamente la necessità di quel tentativo d'intrusione. Chi erano loro per decidere di mandare gente estranea da lei? Era forse passata un'ora dall'inizio del colloquio. Ma ne aveva abbastanza. Cominciava ad avere mal di testa a forza di tenere tesi i muscoli del viso.

Con i suoi soliti modi bruschi, si alzò, non fece concludere l'interlocutrice, e uscì furibonda dalla stanza. Facendo così negava ogni disponibilità ad una eventuale collaborazione. In quel momento non se ne rendeva conto. Voleva solo proteggere quello che era suo. Il suo equilibrio familiare e affettivo.

Tornò a casa camminando veloce, senza salutare nemmeno una di tutte le persone che incontrò per strada e solo quando fu a casa si lasciò andare ad un pianto ininterrotto, che durò per qualche ora.

Quando Marco tornò a casa per pranzo, trovò tutto pronto come al solito. E la zia con gli occhi congestionati dal pianto, ma estremamente composta e con un atteggiamento che lasciava ben intendere che non gli avrebbe raccontato proprio niente.

Intuiva che qualcosa non era andato nel verso giusto. Ma non osava chiedere. Era meglio non sapere. Avrebbe rimandato ogni possibile brutta notizia. Nei giorni successivi faceva domande indirette sul suo futuro, senza apparentemente toccare l'argomento. E la zia rispondeva in modo vago. La non chiarezza di zia Greca, creavano in lui uno stato di profonda angoscia. Un'angoscia che lui non sapeva misurare, ma che gli pungeva dentro.

Passò così un altro mese.

Gabriela Contini

Elena

Stava parcheggiando la sua vecchia auto fuori dall'ufficio, quando il suo cellulare squillò. "Che pizza! Proprio ora che sono in ritardo. Questo telefono squilla sempre quando non deve!!" detto ciò, premette il tasto per chiudere la telefonata, finì la manovra e scese dall'auto.

La sua amica la stava aspettando. Era da due settimane che non si vedevano e avevano un sacco di cose da raccontarsi. O meglio, l'amica aveva delle grosse novità, così le aveva detto. Quindi lei era curiosa di sentire cosa c'era nell'aria.

Si abbracciarono forte come sempre e si dissero quanto erano mancate l'una all'altra e quanto era bello rivedersi.

Entrarono nel bar e si sedettero. Ordinarono entrambe una cioccolata calda, visto che era già metà ottobre e anche se da loro non faceva freddo, l'atmosfera autunnale cominciava farsi sentire.

Elena che era impaziente di avere le novità chiese subito all'amica: "Allora? Cosa mi devi dire?" e l'altra che era altrettanto impaziente di raccontare tutto rispose: "Mi trasferisco per lavoro, mi mandano a Roma per sei mesi, poi si vedrà, ho possibilità di progressione e aumento dello stipendio". Elena che non se lo aspettava, rimase in silenzio per qualche istante, con un'espressione indefinita. Era contenta per l'amica ma le sarebbe mancata da morire! "E io come faccio senza di te? Mi lasci qui da sola?" dovette trattenere le lacrime.

Finirono la cioccolata, chiacchierarono ancora per un po' e poi si salutarono. Elena tornò a casa sua, dove viveva in compagnia del suo gatto. E pensò ancora all'amica che sarebbe partita presto. Sentiva già la sua mancanza. Aveva poche amiche, anche se era molto legata a loro e lei era una delle più speciali, con la quale passava più tempo.

Ora come tutte le sere, si mise a preparare la cena e dopo mangiato accese il televisore. Guardò un film e poi andò a letto. Viveva da sola da un paio d'anni. Aveva deciso di prendere una casa tutta sua lontana da casa dei suoi genitori. Aveva trent'anni quando si era trasferita nella nuova casa. Tanto se avesse aspettato di andare via di casa dei genitori, col mazzolino da sposa in mano e qualcuno che l'aspettasse all'altare, sapeva che sarebbe potuto passare molto tempo, per come era fatta. Aveva avuto una relazione durata otto anni. Dopo i primi anni, di progetti e serenità, qualcosa si era rotto. Litigavano sempre più spesso, per motivi futili. Si erano resi conto che probabilmente non erano fatti per stare insieme. Per fortuna era successo con il consenso di entrambi. Si erano piano piano allontanati e alla fine avevano smesso di vedersi. Abitavano nello stesso paese e a volte capitava d'incontrarsi. Erano rimasti in buoni rapporti, nonostante la rottura. Capitava anche che qualche volta si sentissero o si vedessero per un caffè. Era rimasto un affetto profondo. Era successo tre anni prima. Quindi erano tre anni che Elena era sola. Ma stava bene. Certo se fosse capitato di incontrare un'altra persona avrebbe tentato di nuovo. Ma fino a quel momento non era successo. Quindi si era dedicata quasi totalmente al lavoro.

Tutte le mattine si alzava presto, andava al lavoro in un paese vicino. Era un paese più piccolo di quello in cui abitava lei. Faceva l'educatrice da cinque anni. Prima aveva lavorato per due anni in un altro paese. Ma qui si trovava bene. Anche se tutti sapevano tutto degli altri. A volte succedeva che se camminava per le strade, qualche anziana pettegola o anche non anziana, le chiedesse informazioni su uno dei casi che stava seguendo. Per sapere come stavano, se erano davvero disastrati come si diceva o altro. Informazioni che ovviamente lei non poteva fornire. La maggior parte delle volte diceva che non poteva dare notizie. A volte cercava di far finta di non sapere di cosa stessero parlando.

Aveva scelto quel lavoro come se fosse una missione. Fare interventi educativi era quello che aveva imparato a fare con gli studi all'università, e dopo, con l'esperienza. E lavorare in un servizio educativo come quello in cui lavorava, le piaceva.

Quando aveva iniziato non sapeva bene a cosa sarebbe andata incontro, e nemmeno quali difficoltà avrebbe trovato. Ma più passava il tempo, più esercitava quella professione e più si convinceva che quello era il suo lavoro e non avrebbe potuto cambiarlo con nessun altro.

Aveva visto famiglie di diversi tipi. Era entrata in case luride. Aveva assistito a scene familiari raccapriccianti.

Sapeva che c'era di peggio nel mondo del lavoro. Ma ciò che aveva visto l'aveva formata. Sapeva entrare con umiltà nelle case dei suoi assistiti. Più erano casi difficili e più usava tatto nell'introdursi. Aveva lavorato anche con extracomunitari. E si era trovata sempre a suo agio con loro. Si sentiva stranamente a casa quando andava da loro. Qualcuno viveva in case sporche, altri erano pulitissimi. Il frequentare quelle persone così diverse da lei le aveva fatto capire che spesso c'è un limite molto sottile tra la differenza culturale e la non adeguatezza nella cura dei figli. Nel senso che a volte si può valutare come incuria un comportamento un po' disattento nei confronti dei figli da parte di una persona di cultura diversa, ma prima di giudicare, bisogna capire quella diversità culturale e capire che magari quei genitori nel loro paese potrebbero risultare essere persone persino iperprotettive. Quindi le indagini sull'adeguatezza genitoriale in generale, ma degli extracomunitari, in particolare africani, erano particolarmente difficili per Elena. E bisognava andarci veramente cauti prima di esprimere una qualunque valutazione.

Per il resto erano situazioni di disagio non grave. Tranne qualche caso.

Comunque, quando c'era stato qualche fallimento, nel recupero di un giovane o di qualche genitore, per compensare, c'erano state delle situazione familiari che erano andate migliorando.

Che avevano fatto pensare a lei e a chi lavorava con lei, che ne valeva la pena. E ogni sforzo fatto per tentare di aiutare gli altri, non era mai troppo.

Riunione

Quella mattina di fine ottobre Elena si ritrovò nell'ufficio dell'Assistente Sociale.

Ogni due settimane si incontravano per la solita riunione del servizio. Parlavano di come stavano procedendo i casi ai quali lavoravano, stabilivano nuovi obiettivi valutavano se quelli prefissati erano stati raggiunti. Prendevano in carico i nuovi casi, su richiesta del Tribunale per i Minorenni o sulla base di qualche segnalazione. Valutavano insieme la possibilità di concludere gli interventi in cui erano stati raggiunti tutti gli obiettivi. Prendevano atto dei fallimenti. E valutavano, per fortuna molto raramente, la possibilità di mandare relazioni negative in Tribunale su alcuni casi. Relazioni che avrebbero potuto determinare la decisione di un giudice, anche se non di frequente, per fortuna, di allontanare dei bambini dalla loro famiglia. Era la parte più difficile. Ma era capitato. Già diverse volte. Non era stato facile. Ma non avevano mai preso decisioni avventate. Erano sempre state frutto di un lungo lavoro di recupero, che col tempo non aveva dato risultati. Per cui alla fine, per il bene dei bambini si era deciso di percorrere la strada dell'allontanamento.

Dovevano parlare appunto dell'ultimo caso di questo genere, un bambino di tre anni che era stato inserito in una casa famiglia.

L'Assistente Sociale riferì che era venuto il padre del bambino da lei qualche giorno prima e che era furibondo. L'aveva insultata pesantemente. Aveva dovuto chiamare i colleghi dell'ufficio accanto per farlo calmare e invitarlo ad uscire. Tuttavia si avevano buone notizie del piccolo. Stava bene, dov'era ora, dormiva tranquillamente e appariva abbastanza sereno. I genitori purtroppo non avevano capito ancora la causa dell'allontanamento. E forse non l'avrebbero mai capita. Non si rendevano proprio conto che non erano in grado di prendersi cura del figlio. Ma d'altronde se avessero dimostrato consapevolezza, ci sarebbe stato il margine per lavorare con profitto, ad un loro eventuale miglioramento, prima dell'allontanamento del bambino. Ora si poteva solo provare a lavorare comunque, su loro come genitori e vedere se sarebbero cambiati in qualche modo. In caso contrario, il bambino sarebbe rimasto lontano e di lì a qualche mese sarebbe stato affidato a una famiglia. D'altronde era piccolo. C'erano tutti presupposti per un pieno recupero per lui e la possibilità di una vita un po' più serena con altri genitori, che si sarebbero presi cura di lui diversamente.

Elena ascoltava in silenzio. Aveva fatto lei tutti i tentativi negli ultimi due anni, di lavorare con quei genitori. Aveva cercato all'inizio di seguire la mamma nel prendersi cura del piccolo, nell'igiene personale, nell'alimentazione e nelle altre cose relative alla sfera della maternità, ma purtroppo ogni cosa era troppo difficile per la mamma. Il bambino le cadeva spesso dalle braccia e lo dovevano portare al pronto soccorso. Lo lasciava solo in casa mentre lei usciva e si dimenticava di rientrare, facendogli così correre gravi pericoli. Le vicine lo riferivano a Elena. Il padre era occupato in attività lavorative misteriose, visto che la mattina usciva, dicendo che andava a lavorare, ma di fatto che si sapesse, non svolgeva alcun lavoro. La rete parentale era inesistente. I nonni del bambino vivevano lontani e anch'essi appartenevano a famiglie fortemente disagiate. Avevano fatto lunghi e intensi tentativi di responsabilizzazione di quei due genitori. Ma la preoccupazione per la salute e l'incolumità del bambino erano aumentati nel tempo. Appariva spesso denutrito. Il pediatra aveva più volte chiamato l'Assistente Sociale per dirle che il bambino presentava ematomi e secondo lui non veniva nutrito come sarebbe stato opportuno.

Raccolte tutte queste informazioni e fatti tutti i tentativi possibili, a Elena non era rimasto che riferire formalmente la preoccupazione per il bambino e quanto la situazione fosse negativa. Il tutto era stato discusso ed era stato informato il Tribunale. Non era passato molto tempo e un Giudice aveva ordinato l'allontanamento del bambino. Con grande sollievo dei vicini di casa e degli operatori, che temevano per la salute e incolumità del piccolo, ma, con il dubbio che accompagna sempre queste conclusioni, il dubbio di aver preso la decisione giusta. Perché influire sul fatto che una figlio possa essere allontanato dalla propria famiglia, non è mai una cosa che si fa con la certezza matematica di avere fatto la cosa giusta. Rimane sempre un piccolo margine di dubbio, anche di fronte alle evidenze più sconcertanti.

Pensava a questo Elena quando l'Assistente Sociale disse che c'era una segnalazione di un caso nuovo. Era relativa ad un bambino di dieci anni che viveva con una anziana zia, senza nessun affidamento formale. Bisognava riconoscere che era una situazione strana. Oltre tutto la segnalazione era pesante. Nel senso che conteneva cose di una certa gravità. Anonima. Parlava di gravi maltrattamenti, da parte dell'anziana nei confronti del nipote e del fatto che questa zia fosse troppo anziana per accudirlo. Disse di averla già convocata. Che era una donna arcigna, vestita con il costume sardo e che non voleva assolutamente collaborare. Disse che aveva già provveduto a raccogliere qualche informazione su di lei e tutti nel paese confermavano che fosse una persona alquanto bizzarra, alla quale gli interpellati non avrebbero affidato nemmeno un gatto. Disse che i genitori del bambino sembravano essere molto poco presenti, ma avrebbe convocato anche loro per capire meglio. Chiese a Elena se sapeva qualcosa in merito. Se conosceva quella storia. La vecchia signora si chiamava signora Greca Loi, meglio conosciuta nel paese come Tzia Arega.

A sentire quel nome Elena aveva sgranato gli occhi! Certo che ne aveva sentito parlare. L'aveva anche vista un paio di volte. Faceva davvero paura! Le era anche capitato che qualche insegnante qualche anno prima le avesse parlato della situazione. Ma come se fosse una cosa di poco conto. Inoltre nessuno aveva mai segnalato la cosa, quindi aveva pensato che non fosse una situazione grave. In paese si diceva che l'anziana fosse una specie di strega e Elena sperava che, la collega con cui era in quel momento non le chiedesse di andare a casa sua. Perché non sapeva se avrebbe avuto il coraggio di entrarci. Le incuteva soggezione e paura quella possibile situazione. Eppure aveva lavorato in ambienti ben più ostili. Chissà come viveva l'anziana donna e quel povero bambino. Ma esistevano ancora quelle vicende? Cioè la gente lasciava i propri figli e qualcuno li prendeva con sé come se fossero nell'ottocento? Ma non gliel'aveva spiegato nessuno che non funzionava più così? E poi, come aveva fatto a passare inosservata quella situazione, per così tanto tempo?

Mentre rifletteva su ciò, l'Assistente sociale, che aveva intuito perfettamente quali erano i suoi tormenti, disse che in realtà quella era una situazione fortemente anomala. Tuttavia, purtroppo per lei, o con il benestare della signora o senza, e quindi con la eventuale prescrizione di un Giudice, Elena sarebbe dovuta intervenire a casa della signora. E se questa avesse confermato il suo atteggiamento non collaborativo, avrebbero cercato altre soluzioni.

Intuivano entrambe che, per le informazioni che avevano, non c'erano speranze di riuscire ad intervenire in casa di quella vecchia. Quel bambino avrebbe avuto bisogno di una famiglia sana, come ne avevano diritto tutti i bambini.

Conclusero quell'incontro con l'impegno di aspettare una settimana per vedere se fosse cambiato qualcosa spontaneamente, nelle intenzioni della vecchia. Poi, lei, Elena, sarebbe andata a casa della signora, le avrebbe spiegato di nuovo la sua situazione e avrebbe ribadito che era necessario il loro intervento. Così ne avrebbe approfittato anche per vedere la casa. E, se proprio la zia Greca si fosse rifiutata, avrebbero fatto richiesta per avere un mandato per intervenire formalmente, attraverso una prescrizione precisa. In ogni caso, stando alla realtà di quel momento, Elena doveva essere pronta ad affrontare la furia dell'anziana signora. Erano consapevoli che non avrebbe avuto una bella accoglienza. Ma il tentativo lo doveva fare lo stesso.

Zia Greca

Ormai era novembre.

La zia Greca in quel periodo era solita occuparsi dei preparativi per la raccolta delle olive. Anche se aveva venduto tutti i suoi poderi, andava dai nuovi proprietari e dava una mano nella raccolta. In cambio prendeva un quantitativo di olio, frutto della macina di quelle olive, che le sarebbe bastato fino alla raccolta successiva.

Stava pensando a quei preparativi, ma continuava a infastidirla il pensiero degli avvenimenti delle settimane precedenti.

Chissà cosa sarebbe successo.

Il giorno prima aveva ricevuto la telefonata di una ragazza, che le comunicava che sarebbe venuta a casa sua nei giorni successivi, per parlarle.

Aveva una voce gradevole. Non lasciava trapelare niente di una situazione così pesante come la viveva lei. Anche se aveva sentito una nota di soggezione da parte della ragazza.

E comunque cominciava a pensare che non si sarebbe più potuta sottrarre alla piega che avevano preso gli avvenimenti. Era come se, la sua volontà, sempre ferrea e quasi capace di far piegare le persone, stavolta non fosse più così forte. Non le bastava più decidere che le cose dovevano andare come voleva lei, per determinare il corso degli eventi. Aveva questa netta sensazione. E sentirsi in balia di altre persone, la faceva stare male. Ma non poteva fare niente. Aveva pensato a tante possibili soluzioni. Ma per quanto si sforzasse di pensare di attingere a tutte le sue possibili risorse, non trovava una soluzione o altre vie d'uscita. Non le rimaneva che rimanere ad aspettare per vedere cosa sarebbe capitato.

Inizio

Pioveva abbondantemente quel pomeriggio. Le giornate si erano accorciate quasi improvvisamente. Erano appena le cinque, eppure era quasi buio.
Si erano accordate per vedersi quando il bambino non fosse stato in casa. Dovevano parlare da sole, loro due.
Elena era arrivata puntuale. Aveva suonato il campanello. Aveva sbirciato nel cortile. Era in ansia. Ma in tanti anni di lavoro aveva imparato a celare molto bene i suoi stati d'animo. Quando vide la zia Greca uscire di casa per andare ad aprirle il cancelletto che dava sul cortile, sfoderò il sorriso migliore che poté in quel frangente. Nonostante, la visione della vecchia, suscitasse ben altro.
Dal canto suo, anche zia Greca era in stato di apprensione. Ma, non come quando era andata al colloquio, qualche settimana prima. Stavolta era a casa sua. Si sentiva più al sicuro, meno vulnerabile. A prima vista le era sembrato un ragazzino, quella ragazza piccola piccola, con i capelli corti neri e gli occhi grandi dello stesso colore.
Era quasi tutta bagnata dalla forte pioggia. Non aveva un ombrello. Disse che non lo portava mai. Come la maggior parte delle persone che abitavano in quella zona poco piovosa.
Si erano presentate frettolosamente sul cancello di casa e l'anziana donna l'aveva invitata a entrare.
L'aveva fatta sedere vicino al caminetto dove c'era un fuoco acceso e crepitante. Avevano detto appena qualche parola, mentre entrambe cercavano di sistemarsi i vestiti e i capelli.
Per superare l'imbarazzo facevano finta di essere più bagnate e infreddolite di quanto non fossero in realtà.
Fino a quando iniziarono a adattarsi a quella nuova situazione.
Cominciarono a rivolgersi qualche parola in più. Elena sapeva che doveva attendere molto prima di arrivare al punto. Ma non aveva fretta. Non più. Già essere riuscita a entrare in quella casa le sembrava una cosa straordinaria. Subito a prima vista aveva osservato cose molto interessanti, che poteva cogliere solo un occhio attento a vedere certe cose. Cose che avrebbe elaborato poi.
La casa, che all'esterno era fatta come le vecchie case campidanesi, era ina-

spettatamente nuova all'interno, con un arredamento moderno, il quale strideva fortemente con l'aspetto di quell'anziana.

Era arredata con gusto. Era in ordine. Non carica di sopra mobili o quadri. Sobria, nella sua modernità e semplicità.

Dopo aver temporeggiato in quella situazione, finalmente riuscirono a stabilire un contatto visivo. A Elena era capitato spesso che le persone ostili non la guardassero in faccia. Invece quell'anziana signora la guardava proprio negli occhi, con uno sguardo aperto e non ostile. Dal canto suo zia Greca, non vedeva una grande minaccia in quella ragazza, che aveva immaginato tanto diversa.

Le offrì il caffè. Lo presero insieme, chiacchierarono, a tratti in dialetto. Non era sgradevole la conversazione, per entrambe. Parlarono del tempo, delle campagne, in quel periodo abbastanza verdi. Dei funghi che di lì a poco sarebbero nati, anche se nelle loro colline, non se ne trovavano molti.

Parlarono per quasi un'ora.

Finché tutte e due non si resero conto che il tempo stava passando e che la questione del bambino, quella per cui Elena era lì, andava affrontata.

Con tutta la delicatezza che aveva appreso, Elena iniziò a parlare di ciò che sapevano.

Le disse che aveva necessità di vederlo e di vedere frequentemente lei. Lì a casa. Perché era necessario avere informazioni che avrebbero potuto stabilire come stava realmente il bambino. Perchè c'era preoccupazione per lui. Qualcuno aveva detto delle cose gravi. Visto il silenzio momentaneo della donna, la quale stava ascoltando e pensando chi poteva essere stato ad accusarla di non prendersi cura del nipote, Elena ne approfittò per dirle che sarebbe andata da loro ogni due giorni, nel pomeriggio. E che avrebbe passato del tempo con loro.

Era sempre stata brava a non lasciare spazio agli assistiti per rifiutare i suoi interventi. Ma non era solo questo che convinse la zia Greca, a non tirarsi indietro. In fondo quella ragazza non le sembrava pericolosa. Se voleva venire a casa sua, era libera di farlo. Tanto lei non aveva niente da nascondere. Certo la cosa non era andata come aveva immaginato. Ma d'altra parte, come aveva già riflettuto più volte. Era tempo di lasciare correre gli eventi.

Definirono il giorno in cui si sarebbero riviste, sempre lì a casa, anche in presenza del bambino. Con grande sollievo di tutte e due, ma anche con nuove e strane consapevolezze, Elena lasciò la casa.

Si diresse verso la sua auto. Aprì la portiera, e si sedette chiudendosi dentro. Le sembrava di aver lavorato dodici ore di seguito. Eppure non era stata così indisponente quell'anziana, che lei credeva l'avrebbe mandata via. Anche se non sapeva nulla di lei e una prima impressione poteva ingannarla. Lo sapeva bene. Tuttavia, aveva osservato che viveva in una bella casa. Pulita e ordinata. Di una pulizia e un ordine che non erano fatti solo per l'occasione. Gli occhi di Elena e la sua mente erano stati lungamente allenati a percepire, se una un'abitazione, era stata pulita solo perchè la aspettavano, oppure era una casa in cui regnava sempre quell'ordine. Lo vedeva e lo intuiva da tanti particolari. Così come si accorgeva se un comportamento di un genitore non era sincero, nei confronti del proprio figlio. Se la sua presenza in qualche modo ne inficiava la spontaneità. Conscia di aver assistito a qualcosa che non si aspettava affatto e di essere in qualche modo entrata a far parte di qualcosa che l'avrebbe cambiata, mise in moto l'auto e si avviò verso casa.

Gabriela Contini

A casa

Nel giorno concordato Elena si presentò a casa di Sig.ra Greca e del nipote. Era curiosa di vedere quel bambino. Andò lui al cancello, ad aprirle. Le diede subito l'impressione di avere un'aria adulta nonostante i suoi dieci anni. Lo seguì ed entrarono nella solita cucina ampia con fuoco acceso dentro il camino.

Sapeva che lui la stava aspettando.

Stranamente aveva gestito lui l'accoglienza. La zia era indaffarata nella dispensa. Si era aspettata di trovarli tesi, come due soldatini. Con la zia presente e controllante. Invece regnava un'atmosfera del tutto casuale e distesa. Come se la sua presenza fosse una cosa normale in quella casa. Lui le aveva chiesto subito: "Come ti chiami? Io Marco". E lei aveva risposto: "Io Elena". Era un bambino bellissimo. Aveva un'aria intelligente. Avevano parlato di ciò che avrebbero fatto insieme e lui le aveva chiesto se avrebbero giocato. Elena non gli disse perché era lì. Sarebbe stato un peso troppo grande per lui e sperava che la zia in qualche modo, se lo aveva informato, lo avesse fatto nel modo più adeguato e delicato possibile. Senza spaventarlo. Perché la zia aveva paura. E Elena sapeva che anche se avesse filtrato l'informazione, la sua paura il bambino l'avrebbe respirata e sentita comunque. Per cui era del tutto superfluo che lei aggiungesse qualcosa. Col tempo, avrebbe tranquillizzato il bambino, qualunque fosse stato l'esito del suo lavoro. Che lui rimanesse lì o venisse mandato da qualche altra parte.

Dopo una decina di minuti che Elena era in casa, era spuntata la zia dalla porta interna della cucina

Era completamente spettinata, evidentemente reduce da una qualche attività impegnativa. Visto che aveva sentito la conversazione tra lei e il bambino, le disse: "Non farti imbrogliare da questo furfante! Lui vuole sempre giocare! Anche a scuola, gli insegnanti mi hanno detto spesso negli anni scorsi, che non sta attento pur di giocare! Quest'anno ancora non ho parlato con loro. Ma speriamo bene!"

E rivolgendosi al nipote: "E tu monello, comportati bene con questa signorina che verrà spesso da noi. Non farla arrabbiare come fai con me!". Detto ciò, la zia spiegò a Elena che stava preparando delle olive per la conservazione. La invitò a vedere nell'altra stanza il lavoro che stava svolgendo.

Tutti e tre andarono a vedere.

Elena si meravigliò di quell'attività estremamente impegnativa alla quale lavorava la vecchia. E non poté fare ameno di osservarne l'impegno, la precisione e l'ordine nel portarlo avanti. Tutto era pulito e ogni cosa aveva un suo posto preciso.

Dopo dieci minuti di spiegazione, che Elena aveva ascoltato attentamente e in cui Marco era intervenuto contribuendo a dettagliarne alcuni particolari, la zia era rimasta lì nella dispensa. Loro erano ritornati in cucina.

Avevano continuato a chiacchierare. Poi lui le aveva fatto vedere la sua stanza e tutti i suoi giochi.

Infine avevano giocato con le carte.

Finito il gioco la zia li aveva raggiunti in cucina e aveva chiesto cosa stessero facendo. Il bambino era evidentemente contento e entusiasta di avere a disposizione una persona adulta con cui giocare. Elena rispose che, in genere, quando lavorava con bambini giocava con loro.

Il gioco infatti era per lei uno strumento educativo, attraverso il quale si potevano insegnare infinite cose e capirne altrettante della persona o bambino con cui si trovava e dell'ambiente in cui questo viveva. Ma questo non lo disse all'anziana.

Fu così che iniziò il lavoro di Elena a casa della zia Greca. Con un bambino che sembrava un adulto. L'anziana donna che sembrava non preoccuparsi del fatto che lei fosse arrivata, con la pioggia e il profumo forte delle olive.

Dopo il primo incontro, capì che quel caso, che era sembrato già risolto prima di qualunque intervento, l'avrebbe tormentata a lungo.

Ci pensava spesso, soprattutto dopo che li vedeva, zia e nipote.

Non capiva. C'erano dei particolari che stridevano con ciò che appariva e che si era aspettata. Nel primo mese di lavoro, la sera quando tornava a casa era assediata dai dubbi.

Metteva insieme tutte le cose che vedeva e l'insicurezza l'assaliva. Stava forse cambiando idea?

Era presto per dirlo. Oppure si stava solo facendo ingannare da ciò che volevano farle credere? Eppure il suo spirito di osservazione non l'aveva mai imbrogliata. Stava scoprendo degli aspetti positivi in quella situazione.

Doveva avere l'umiltà per riconoscere il suo errore di valutazione iniziale, fatta secondo una prima impressione e informazioni superficiali. L'avrebbe fatto. Se fosse stato necessario.

Il benessere di un bambino, era più importante del dimostrare di non essersi sbagliata. E poi a chi lo doveva dimostrare? Un caso in cui l'evidenza era così diversa dalla realtà, se così era, non le era mai capitato. Rimase per diverso tempo disorientata. Aspettando magari, di cogliere in fallo l'anziana. Succedeva spesso nel suo lavoro, quando i genitori e i figli le volevano far credere qualcosa di diverso dalla realtà. Arrivava il momento in cui un fatto, un gesto, un comportamento li tradiva. E da lì si capiva che tutto veniva messo di nuovo in discussione.

Di solito non ci voleva tanto tempo, per capire se un genitore era stato accusato ingiustamente di essere inaffidabile. Nel giro di qualche mese, si riuscivano ad estrapolare elementi importanti. In questa situazione, c'erano delle evidenze discordanti a tal punto, che aveva paura ci sarebbe voluto molto tempo per farsi un'idea più chiara.

L'anziana, non nascondeva in alcuni momenti, tutta la sua durezza, il suo carattere forte. Eppure col nipote, c'era un'intesa speciale. Un legame che lei stessa non riusciva a capire e a cogliere. Lui non aveva paura di lei.

Però ogni volta si diceva che doveva aspettare, che come sempre, prima o poi la realtà le sarebbe apparsa più chiaramente e avrebbe avuto tutti gli elementi per esprimersi.

E con questo spirito continuò a lavorare con loro.

Marco

Proprio come Elena aveva immaginato, la zia aveva spiegato a Marco il motivo della sua presenza a casa loro. L'anziana donna, era un po' più serena, perché non era come l'aveva immaginato. L'intrusione dei Servizi Sociali. Aveva a che fare con una persona. Elena era una persona prima che un operatore e la cosa rendeva tutto meno spaventoso. Forse erano i suoi modi schietti, diretti, gentili, forse era il suo aspetto. Forse ancora, le era piaciuta subito quella ragazza. Qualunque fosse il motivo zia Greca, non si sentiva più fortemente impaurita. Era come se stesse mettendo i piedi su un terreno più solido. Aveva immaginato di cadere in un baratro. Ma per ora non era successo, anche se era ancora tutto da definire. Risposte certe non ne aveva avute e magari nel baratro ci sarebbe caduta lo stesso. Marco gliel'avrebbero portato via.

Tutte queste cose non le aveva spiegate al nipote. Gli aveva solo detto che sarebbe venuta a casa una ragazza per qualche tempo, per stare con loro e capire cosa era meglio per lui. Se stare a casa con la zia o in un altro posto. Aveva cercato di dirglielo con naturalezza e quasi in modo distaccato, ma con dolcezza. Ma le aveva creato un forte dolore dirglielo. Spezzare in qualche modo il silenzio di tanti anni. Un silenzio che anche se alimentava dubbi, li lasciava più al sicuro rispetto a tutto quello che poteva accadere ora.

Nonostante la calma e pacatezza della zia, lui aveva intuito la sua insicurezza e la sua paura, inizialmente, poi, forse un senso di sicurezza. Non poteva districare la matassa delle sue emozioni. Era un bambino. Non era consapevole di provarle. Però aveva sentito delle cose dalle parole della zia, ma ancora di più le aveva percepite nel suo comportamento, nel modo in cui si rivolgeva a lui, nei gesti che faceva quotidianamente. Perché certe cose non dette, i figli le percepiscono lo stesso. Anche nei più piccoli gesti o ancor più nei silenzi.

Quando però lui aveva conosciuto Elena, la paura iniziale si era affievolita.

Aveva percepito qualcosa di rassicurante in lei. Anche se non parlavano mai di lui e di cosa sarebbe successo. Stavano insieme e giocavano. Anzi lui si divertiva proprio con lei.

Il dubbio

Il lavoro di Elena era continuato per diversi mesi, così come era iniziato.

Le volte successive in cui era tornata   in quella casa aveva osservato tante cose. Era tutto molto diverso da come se l'era immaginato prima di entrarci.

Come mai quel bambino era così tranquillo e a suo agio, con un'anziana che era conosciuta come una donna dura, con un carattere forte e burbero, e per questo come tanti sostenevano, inadatta a crescere un bambino?

Quel piccolo nucleo familiare sconclusionato, i cui elementi sembravano non avere niente in comune, la stupivano con un equilibrio in cui persino lei si trovava a suo agio. Le era già successo ma raramente. Si respirava aria di casa. Ogni volta si sentiva come se fosse stata lì tante altre volte.

Aveva osservato tutto in quegli incontri. Se all'inizio era rimasta confusa, alla fine aveva capito molte cose.

La durezza della zia era una caratteristica presente e forte. Eppure sapeva essere estremamente dolce con il suo nipote, anche se a volte dimostrava qualche incertezza, come se non si sentisse completamente padrona del suo ruolo. Lui sicuramente lo intuiva e lo si percepiva in tante cose. Quando lui combinava le monellerie, lei lo inseguiva, per prenderlo, e sembrava che lo volesse picchiare, ma non lo faceva mai. Gli tirava una ciocca di capelli appena lo raggiungeva, ma lui rideva di ciò. Sembravano scene che non avevano niente a che fare con ciò che si era aspettata inizialmente. Inoltre la zia Greca non si metteva affatto scrupoli, nello sgridarlo e punirlo davanti a lei. Ma lui rispettava a mala pena le sue prescrizioni. Altre volte, quando erano molto vicini, lui si comportava come un bambino piccolo piccolo e voleva essere preso in braccio dalla zia. La quale si sedeva e lo ninnava come un neonato. Avevano un legame strettissimo. Che traspariva con tutta la sua forza, in tanti piccoli gesti spontanei e naturali.

Un giorno casualmente Elena aveva chiesto al nipote, col fare del tutto indifferente, quale fosse la sua casa.

Lui aveva risposto che era quella. Lì con la sua zia Greca.

Le conclusioni

A distanza di due mesi, si ripeté il rituale dell'incontro tra Elena e l'Assistente Sociale.

Era passato Natale ed era appena iniziato un nuovo anno. Si respirava aria di novità e di leggerezza.

La collega, nonostante avessero molti casi di cui discutere, voleva avere subito notizie del lavoro in casa di quella vecchia. Qualche settimana dopo il loro ultimo incontro, ai primi di novembre, Elena era andata a riferirle che era riuscita a stabilire un rapporto di collaborazione con l'anziana. Dunque dovevano solo aspettare di vedere cosa succedeva.

Quando riferì quello che aveva osservato e constatato, rimasero in silenzio per un po'. Era troppo grande lo sbigottimento. Erano entrambe convinte che quella era una situazione molto diversa, in cui un bambino versava in condizioni difficili, sottoposto a maltrattamenti o disagi di altro tipo. Invece scoprivano che la casa di quella vecchia era accogliente, che il bambino era legato fortemente a lei e che lei riusciva perfettamente a prendersi cura di lui; per di più lei era dolce e affettuosa. Davvero non si aspettavano che la situazione fosse di quel tipo. Davvero avrebbero potuto commettere un grave errore se fossero intervenute sulla base delle prime informazioni che avevano avuto.

Inoltre Elena aveva più volte visto i genitori di Marco, in quei mesi.

Era chiaro che, non sarebbero riusciti a prendersi cura del figlio, non si capiva se lo volessero realmente. Forse sì, ma non potevano farlo, perché, per diversi motivi, non ce la facevano. D'altronde lui non voleva stare con loro. Voleva stare con la zia. Questo l'aveva più volte palesato in diversi modi.

Non rimaneva che ammettere da parte di Elena e dell'Assistente sociale l'infondatezza della loro prima impressione e formulare una valutazione sulla base delle informazioni acquisite.

C'era inoltre l'aspetto dell'informalità dell'affidamento del bambino alla zia. La posizione andava regolarizzata. Doveva esserci un affidamento formale e bisognava fare in modo che i genitori non andassero più a illuderlo o, a questo punto, a spaventarlo, dicendogli che l'avrebbero portato via. Così come facevano periodicamente.

Dovevano informare le autorità competenti, avrebbero provveduto a espletare le procedure burocratiche.

E dovevano informare la zia del risultato del loro lavoro.

La convocarono.

La ricevettero insieme.

Si presentò puntuale come sempre.

Questa volta però aveva una postura meno rigida e il suo modo di parlare era meno duro.

Le illustrarono la situazione. Si palpava il sollievo di tutte nell'aria.

Zia Greca un paio di volte riuscì anche a sorridere.

Elena parlò del fatto che non riteneva ci fossero gli elementi negativi o di pregiudizio per il benessere del bambino, quali quelli che si pensavano all'inizio. Anzi che dovevano regolarizzare la loro situazione con un affidamento formale. Perché Marco aveva bisogno di punti fermi. Era emerso da tanti piccoli particolari, che lui aveva paura di essere allontanato da quella zia e dalla sua casa. Loro, Elena e la sua collega avrebbero aiutato la Sig.ra Greca a ottenere l'affidamento, inviando notizie positive sul suo modo di curare il nipote.

Zia Greca era sempre più sbigottita. Non solo non glielo portavano via, ma la aiutavano anche a essere la sua affidataria a pieno titolo. Non avrebbe mai lontanamente pensato potesse accadere.

Se ne andò sorridente, attraversò il paese a piedi, per tornare a casa. Leggera come non lo era mai stata. Le avevano tolto un peso dal cuore che con gli anni era diventato più grande di quanto pensasse. Le sembrava quasi di vivere sospesa, di non esser a contatto con la terra sulla quale camminava. Era troppa la felicità. Troppo grande era stata la paura in tutti quegli anni. Aveva avuto tanta paura che glielo portassero via. Ora si sentiva sollevata e più forte. Avrebbe dato la notizia a Marco e avrebbero festeggiato insieme, come sapevano fare loro. Avrebbe preparato mezzo maialetto alla brace, anche se per loro era troppo e lei si sarebbe concessa un bel bicchiere di cannonau rosso, di quello buono che aveva conservato per le grandi occasioni.

Qualche mese dopo

Marco non sapeva che, quando in passato per settimane rimaneva irrequieto e nervoso dipendeva dal fatto che il padre o la madre lo prendevano con sé per qualche giorno. E così ricominciavano i suoi incubi.

Solo da adulto avrebbe fatto dei collegamenti tra i suoi periodi peggiori e gli avvenimenti familiari. I periodi di maggior nervosismo, in cui reagiva con il fare scherzi anche cattivi e molestare i suoi compagni di scuola, e ancora, far impazzire la zia Greca. Solo molto tempo dopo avrebbe capito quanto i suoi comportamenti, erano legati all'instabilità degli adulti che lo circondavano.

Tante cose erano cambiate negli ultimi mesi. Da quando Elena era venuta a casa loro. Prima la paura della zia Greca. Poi la notizia della permanenza definitiva di Marco a casa sua. Lei si era sentita più sicura del suo ruolo e ora riusciva a farsi rispettare di più da lui. I genitori avevano smesso di portarlo via per brevi periodi. Si limitavano ad andare a trovarlo. Tutto aveva assunto un nuovo assetto. Più stabile per Marco, che aveva iniziato a non cimentarsi più in quei comportamenti di forte disturbo a scuola. Perché disturbare a scuola era uno dei modi in cui lui sapeva esprimere il suo disagio per la situazione di incertezza e confusione.

Ora era entrato in una fase serena della sua vita. Lui quasi sicuramente non si era accorto del tutto. Ovviamente. Non si era reso conto di come le dinamiche relazionali, e affettive, delle sue figure di riferimento, fossero cambiate e di quanto avessero inciso in ogni gesto delle sue giornate.

E non si era accorto nemmeno che da quel momento aveva smesso di avere gli incubi la notte.

Nessuno veniva più a tormentarlo nel sonno.

Epilogo

Questa storia racchiude nei suoi personaggi innumerevoli caratteristiche attribuibili a diverse persone incontrate nel percorso professionale dell'autrice.

Il messaggio essenziale è quello di far emergere che l'adeguatezza genitoriale non è legata a fattori quali l'età, il sesso, la credenza religiosa o la condizione economica.

È una caratteristica a sé stante, che solo un occhio attento può catturare laddove ci sia.

L'amore per i figli dunque non nasce come caratteristica biologica, ma dipende da altre componenti, che determinano questo sentimento.

Ringraziamenti

Ringrazio mia sorella Maria Efisia Contini per aver letto e corretto il racconto.
Ringrazio Francesco Cossu per avermi dato la motivazione alla presentazione.
Ringrazio Paolo Trudu per la disponibilità e l'interessamento a questo racconto.
Ringrazio Renzo Carta per la Copertina.
Ringrazio Antonio Caboni per il prezioso aiuto.

Il figlio dell'anima

Gabriela Contini